中华人民共和国
预备役人员法

法 律 出 版 社
·北 京·

图书在版编目(CIP)数据

中华人民共和国预备役人员法. -- 北京：法律出版社，2022
ISBN 978-7-5197-7376-2

Ⅰ.①中… Ⅱ.Ⅲ.①预备役人员法－中国 Ⅳ.①E265

中国版本图书馆 CIP 数据核字（2022）第 236127 号

中华人民共和国预备役人员法
ZHONGHUA RENMIN GONGHEGUO YUBEIYI RENYUANFA

出版发行	法律出版社	开本	850 毫米×1168 毫米 1/32
编辑统筹	法规出版分社	印张 1	字数 19 千
责任编辑	张红蕊	版本	2022 年 12 月第 1 版
装帧设计	李 瞻	印次	2022 年 12 月第 1 次印刷
责任校对	陶玉霞	印刷	北京金康利印刷有限公司
责任印制	耿润瑜	经销	新华书店

地址：北京市丰台区莲花池西里 7 号（100073）
网址：www.lawpress.com.cn　　　　销售电话：010-83938349
投稿邮箱：info@lawpress.com.cn　　客服电话：010-83938350
举报盗版邮箱：jbwq@lawpress.com.cn　咨询电话：010-63939796
版权所有·侵权必究

书号：ISBN 978-7-5197-7376-2　　　　定价：5.00 元
凡购买本社图书，如有印装错误，我社负责退换。电话：010-83938349

目　　录

中华人民共和国主席令（第一二七号） ……………（1）
中华人民共和国预备役人员法 ……………………（3）

附：

关于《中华人民共和国预备役人员法（草案）》的
　　说明 …………………………………………（21）

中华人民共和国主席令

第一二七号

《中华人民共和国预备役人员法》已由中华人民共和国第十三届全国人民代表大会常务委员会第三十八次会议于2022年12月30日通过，现予公布，自2023年3月1日起施行。

中华人民共和国主席　习近平

2022年12月30日

中华人民共和国预备役人员法

(2022年12月30日第十三届全国人民代表大会常务委员会第三十八次会议通过)

目　　录

第一章　总　　则

第二章　预备役军衔

第三章　选拔补充

第四章　教育训练和晋升任用

第五章　日常管理

第六章　征　　召

第七章　待遇保障

第八章　退出预备役

第九章　法律责任

第十章　附　　则

第一章　总　　则

第一条　为了健全预备役人员制度，规范预备役人员管理，维护预备役人员合法权益，保障预备役人员有效履行职责使命，加强国防力量建设，根据宪法和《中华人民共和国国防法》、《中华人民共和国兵役法》，制定本法。

第二条 本法所称预备役人员，是指依法履行兵役义务，预编到中国人民解放军现役部队或者编入中国人民解放军预备役部队服预备役的公民。

预备役人员分为预备役军官和预备役士兵。预备役士兵分为预备役军士和预备役兵。

预备役人员是国家武装力量的成员，是战时现役部队兵员补充的重要来源。

第三条 预备役人员工作坚持中国共产党的领导，贯彻习近平强军思想，坚持总体国家安全观，贯彻新时代军事战略方针，以军事需求为牵引，以备战打仗为指向，以质量建设为着力点，提高预备役人员履行使命任务的能力和水平。

第四条 预备役人员必须服从命令、严守纪律，英勇顽强、不怕牺牲，按照规定参加政治教育和军事训练、担负战备勤务、执行非战争军事行动任务，随时准备应召参战，保卫祖国。

国家依法保障预备役人员的地位和权益。预备役人员享有与其履行职责相应的荣誉和待遇。

第五条 中央军事委员会领导预备役人员工作。

中央军事委员会政治工作部门负责组织指导预备役人员管理工作，中央军事委员会国防动员部门负责组织预备役人员编组、动员征集等有关工作，中央军事委员会机关其他部门按照职责分工负责预备役人员有关工作。

中央国家机关、县级以上地方人民政府和同级军事机关按照职责分工做好预备役人员有关工作。

编有预备役人员的部队（以下简称部队）负责所属预备役人员政治教育、军事训练、执行任务和有关选拔补充、日常管理、退出预备役等工作。

第六条 县级以上地方人民政府和有关军事机关应当根据预备役人员工作需要召开军地联席会议，协调解决有关问题。

县级以上地方人民政府和同级军事机关，应当将预备役人员工作情况作为拥军优属、拥政爱民评比和有关单位及其负责人考核评价的内容。

第七条 机关、团体、企业事业组织和乡镇人民政府、街道办事处应当支持预备役人员履行预备役职责，协助做好预备役人员工作。

第八条 国家加强预备役人员工作信息化建设。

中央军事委员会政治工作部门会同中央国家机关、中央军事委员会机关有关部门，统筹做好信息数据系统的建设、维护、应用和信息安全管理等工作。

有关部门和单位、个人应当对在预备役人员工作过程中知悉的国家秘密、军事秘密和个人隐私、个人信息予以保密，不得泄露或者向他人非法提供。

第九条　预备役人员工作所需经费，按照财政事权和支出责任划分原则列入中央和地方预算。

第十条　预备役人员在履行预备役职责中做出突出贡献的，按照国家和军队有关规定给予表彰和奖励。

组织和个人在预备役人员工作中做出突出贡献的，按照国家和军队有关规定给予表彰和奖励。

第二章　预备役军衔

第十一条　国家实行预备役军衔制度。

预备役军衔是区分预备役人员等级、表明预备役人员身份的称号和标志，是党和国家给予预备役人员的地位和荣誉。

第十二条　预备役军衔分为预备役军官军衔、预备役军士军衔和预备役兵军衔。

预备役军官军衔设二等七衔：

（一）预备役校官：预备役大校、上校、中校、少校；

（二）预备役尉官：预备役上尉、中尉、少尉。

预备役军士军衔设三等七衔：

（一）预备役高级军士：预备役一级军士长、二级军士长、三级军士长；

（二）预备役中级军士：预备役一级上士、二级上士；

（三）预备役初级军士：预备役中士、下士。

预备役兵军衔设两衔：预备役上等兵、列兵。

第十三条　预备役军衔按照军种划分种类，在预备役军衔前冠以军种名称。

预备役军官分为预备役指挥管理军官和预备役专业技术军官，分别授予预备役指挥管理军官军衔和预备役专业技术军官军衔。

预备役军衔标志式样和佩带办法由中央军事委员会规定。

第十四条　预备役军衔的授予和晋升，以预备役人员任职岗位、德才表现、服役时间和做出的贡献为依据，具体办法由中央军事委员会规定。

第十五条　预备役人员退出预备役的，其预备役军衔予以保留，在其军衔前冠以"退役"。

第十六条　对违反军队纪律的预备役人员，按照中央军事委员会的有关规定，可以降低其预备役军衔等级。

依照本法规定取消预备役人员身份的，相应取消其预备役军衔；预备役人员犯罪或者退出预备役后犯罪，被依法判处剥夺政治权利或者有期徒刑以上刑罚的，应当剥夺其预备役军衔。

批准取消或者剥夺预备役军衔的权限，与批准授予相应预备役军衔的权限相同。

第三章　选拔补充

第十七条　预备役人员应当符合下列条件：

（一）忠于祖国，忠于中国共产党，拥护社会主义制度，热爱人民，热爱国防和军队；

（二）遵守宪法和法律，具有良好的政治素质和道德品行；

（三）年满十八周岁；

（四）具有履行职责的身体条件和心理素质；

（五）具备岗位要求的文化程度和工作能力；

（六）法律、法规规定的其他条件。

第十八条 预备役人员主要从符合服预备役条件、经过预备役登记的退役军人和专业技术人才、专业技能人才中选拔补充。

预备役登记依照《中华人民共和国兵役法》有关规定执行。

第十九条 预备役人员的选拔补充计划由中央军事委员会确定。中央军事委员会机关有关部门会同有关中央国家机关，指导部队和县级以上地方人民政府兵役机关实施。

第二十条 部队应当按照规定的标准条件，会同县级以上地方人民政府兵役机关遴选确定预备役人员。

预备役人员服预备役的时间自批准服预备役之日起算。

第二十一条 县级以上地方人民政府兵役机关应当向部队及时、准确地提供本行政区域公民预备役登记信息，组织预备役人员选拔补充对象的政治考核、体格检查等工作，办理相关入役手续。

第二十二条 机关、团体、企业事业组织和乡镇人民政府、街道办事处，应当根据部队需要和县、自治县、不设区的市、市辖区人民政府兵役机关的安排，组织推荐本单位、本行政区域符合条件的人员参加预备役人员选拔补充。

被推荐人员应当按照规定参加预备役人员选拔补充。

第二十三条 部队应当按照规定，对选拔补充的预备役人员授予预备役军衔、任用岗位职务。

第四章 教育训练和晋升任用

第二十四条 预备役人员的教育训练，坚持院校教育、训练实践、职业培训相结合，纳入国家和军队教育培训体系。

军队和预备役人员所在单位应当按照有关规定开展预备役人员教育训练。

第二十五条 预备役人员在被授予和晋升预备役军衔、任用岗位职务前，应当根据需要接受相应的教育训练。

第二十六条 预备役人员应当按照规定参加军事训练，达到军事训练大纲规定的训练要求。

年度军事训练时间由战区级以上军事机关根据需要确定。

中央军事委员会可以决定对预备役人员实施临战训练，预备役人员必须按照要求接受临战训练。

第二十七条 预备役人员在服预备役期间应当按照规定参加职业培训，提高履行预备役职责的能力。

第二十八条 对预备役人员应当进行考核。考核工作由部队按照规定组织实施，考核结果作为其预备役军衔晋升、职务任用、待遇调整、奖励惩戒等的依据。

预备役人员的考核结果应当通知本人和其预备役登记地县、自治县、不设区的市、市辖区人民政府兵役机关以及所在单位，并作为调整其职位、职务、职级、级别、工资和评定职称等的依据之一。

第二十九条 预备役人员表现优秀、符合条件的，可以按照规定晋升预备役军衔、任用部队相应岗位职务。

预备役兵服预备役满规定年限，根据军队需要和本人自愿，经批准可以选改为预备役军士。

预备役人员任用岗位职务的批准权限由中央军事委员会规定。

第五章 日常管理

第三十条 预备役人员有单位变更、迁居、出国（境）、患严重疾病、身体残疾等重要事项以及联系方式发生变化的，应当及时向部队报告。

预备役人员有前款规定情况或者严重违纪违法、失踪、死亡的，预备役人员所在单位和乡镇人民政府、街道办事处应当及时报告县、自治县、不设区的市、市辖区人民政府兵役机关。

部队应当与县、自治县、不设区的市、市辖区人民政府兵役机关建立相互通报制度，准确掌握预备役人员动态情况。

第三十一条　预备役人员因迁居等原因需要变更预备役登记地的，相关县、自治县、不设区的市、市辖区人民政府兵役机关应当及时变更其预备役登记信息。

第三十二条　预备役人员参加军事训练、担负战备勤务、执行非战争军事行动任务等的召集，由部队通知本人，并通报其所在单位和预备役登记地县、自治县、不设区的市、市辖区人民政府兵役机关。

召集预备役人员担负战备勤务、执行非战争军事行动任务，应当经战区级以上军事机关批准。

预备役人员所在单位和预备役登记地县、自治县、不设区的市、市辖区人民政府兵役机关，应当协助召集预备役人员。

预备役人员应当按照召集规定时间到指定地点报到。

第三十三条　预备役人员参加军事训练、担负战备勤务、执行非战争军事行动任务等期间，由部队按照军队有关规定管理。

第三十四条　预备役人员按照军队有关规定穿着预备役制式服装、佩带预备役标志服饰。

任何单位和个人不得非法生产、买卖预备役制式服装和预备役标志服饰。

第三十五条　预备役人员应当落实军队战备工作有关规

11

定,做好执行任务的准备。

第六章 征　　召

第三十六条 在国家发布动员令或者国务院、中央军事委员会依法采取必要的国防动员措施后,部队应当根据上级的命令,迅速向被征召的预备役人员下达征召通知,并通报其预备役登记地县、自治县、不设区的市、市辖区人民政府兵役机关和所在单位。

预备役人员接到征召通知后,必须按照要求在规定时间到指定地点报到。国家发布动员令后,尚未接到征召通知的预备役人员,未经部队和预备役登记地兵役机关批准,不得离开预备役登记地;已经离开的,应当立即返回或者原地待命。

第三十七条 预备役登记地县、自治县、不设区的市、市辖区人民政府兵役机关,预备役人员所在单位和乡镇人民政府、街道办事处,应当督促预备役人员响应征召,为预备役人员征召提供必要的支持和协助,帮助解决困难,维护预备役人员合法权益。

从事交通运输的单位和个人应当优先运送被征召的预备役人员。

预备役人员因被征召,诉讼、行政复议、仲裁活动不能正常进行的,适用有关时效中止和程序中止的规定,但是法律另有规定的除外。

第三十八条 预备役人员有下列情形之一的，经其预备役登记地县、自治县、不设区的市、市辖区人民政府兵役机关核实，并经部队批准，可以暂缓征召：

（一）患严重疾病处于治疗期间暂时无法履行预备役职责；

（二）家庭成员生活不能自理，且本人为唯一监护人、赡养人、扶养人，或者家庭发生重大变故必须由本人亲自处理；

（三）女性预备役人员在孕期、产假、哺乳期内；

（四）涉嫌严重职务违法或者职务犯罪正在被监察机关调查，或者涉嫌犯罪正在被侦查、起诉、审判；

（五）法律、法规规定的其他情形。

第三十九条 被征召的预备役人员，根据军队有关规定转服现役。

预备役人员转服现役，由其预备役登记地县、自治县、不设区的市、市辖区人民政府兵役机关办理入伍手续。预备役人员转服现役的，按照有关规定改授相应军衔、任用相应岗位职务，履行军人职责。

第四十条 国家解除国防动员后，由预备役人员转服现役的军人需要退出现役的，按照军人退出现役的有关规定由各级人民政府妥善安置。被征召的预备役人员未转服现役的，部队应当安排其返回，并通知其预备役登记地县、自治县、不设区的市、市辖区人民政府兵役机关和所在单位。

第七章　待遇保障

第四十一条　国家建立激励与补偿相结合的预备役人员津贴补贴制度。

预备役人员按照规定享受服役津贴；参战、参加军事训练、担负战备勤务、执行非战争军事行动任务期间，按照规定享受任务津贴。

预备役人员参战、参加军事训练、担负战备勤务、执行非战争军事行动任务期间，按照规定享受相应补贴和伙食、交通等补助；其中，预备役人员是机关、团体、企业事业组织工作人员的，所在单位应当保持其原有的工资、奖金、福利和保险等待遇。

预备役人员津贴补贴的标准及其调整办法由中央军事委员会规定。

第四十二条　预备役人员参战，享受军人同等医疗待遇；参加军事训练、担负战备勤务、执行非战争军事行动任务期间，按照规定享受国家和军队相应医疗待遇。

军队医疗机构按照规定为预备役人员提供优先就医等服务。

第四十三条　预备役人员参加军事训练、担负战备勤务、执行非战争军事行动任务期间，军队为其购买人身意外伤害保险。

第四十四条 预备役人员参战、参加军事训练、担负战备勤务、执行非战争军事行动任务期间，其家庭因自然灾害、意外事故、重大疾病等原因，基本生活出现严重困难的，地方人民政府和部队应当按照有关规定给予救助和慰问。

国家鼓励和支持人民团体、企业事业组织、社会组织和其他组织以及个人，为困难预备役人员家庭提供援助服务。

第四十五条 预备役人员所在单位不得因预备役人员履行预备役职责，对其作出辞退、解聘或者解除劳动关系、免职、降低待遇、处分等处理。

第四十六条 预备役人员所在单位按照国家有关规定享受优惠和扶持政策。

预备役人员创办小微企业、从事个体经营等活动，可以按照国家有关规定享受融资优惠等政策。

第四十七条 预备役人员按照规定享受优待。

预备役人员因参战、参加军事训练、担负战备勤务、执行非战争军事行动任务伤亡的，由县级以上地方人民政府按照国家有关规定给予抚恤。

第四十八条 预备役人员被授予和晋升预备役军衔，获得功勋荣誉表彰，以及退出预备役时，部队应当举行仪式。

第四十九条 女性预备役人员的合法权益受法律保护。部队应当根据女性预备役人员的特点，合理安排女性预备役人员的岗位和任务。

第五十条　预备役人员退出预备役后,按照规定享受相应的荣誉和待遇。

第八章　退出预备役

第五十一条　预备役军官、预备役军士在本衔级服预备役的最低年限为四年。

预备役军官、预备役军士服预备役未满本衔级最低年限的,不得申请退出预备役;满最低年限的,本人提出申请、经批准可以退出预备役。

预备役兵服预备役年限为四年,其中,预备役列兵、上等兵各为二年。预备役兵服预备役未满四年的,不得申请退出预备役。预备役兵服预备役满四年未被选改为预备役军士的,应当退出预备役。

第五十二条　预备役人员服预备役达到最高年龄的,应当退出预备役。预备役人员服预备役的最高年龄:

(一)预备役指挥管理军官:预备役尉官为四十五周岁,预备役校官为六十周岁;

(二)预备役专业技术军官:预备役尉官为五十周岁,预备役校官为六十周岁;

(三)预备役军士:预备役下士、中士、二级上士均为四十五周岁,预备役一级上士、三级军士长、二级军士长、一级军士长均为五十五周岁;

（四）预备役兵为三十周岁。

第五十三条 预备役军官、预备役军士服预备役未满本衔级最低年限或者未达到最高年龄，预备役兵服预备役未满规定年限或者未达到最高年龄，有下列情形之一的，应当安排退出预备役：

（一）被征集或者选拔补充服现役的；

（二）因军队体制编制调整改革或者优化预备役人员队伍结构需要退出的；

（三）因所在单位或者岗位变更等原因，不适合继续服预备役的；

（四）因伤病残无法履行预备役职责的；

（五）法律、法规规定的其他情形。

第五十四条 预备役军官、预备役军士服预备役满本衔级最低年限或者达到最高年龄，预备役兵服预备役满规定年限或者达到最高年龄，有下列情形之一的，不得退出预备役：

（一）国家发布动员令或者国务院、中央军事委员会依法采取国防动员措施要求的；

（二）正在参战或者担负战备勤务、执行非战争军事行动任务的；

（三）涉嫌违反军队纪律正在接受审查或者调查、尚未作出结论的；

（四）法律、法规规定的其他情形。

前款规定的情形消失的，预备役人员可以提出申请，经批准后退出预备役。

第五十五条 预备役人员有下列情形之一的,应当取消预备役人员身份:

(一)预备役军官、预备役军士服预备役未满本衔级最低年限,预备役兵服预备役未满规定年限,本人要求提前退出预备役,经教育仍坚持退出预备役的;

(二)连续两年部队考核不称职的;

(三)因犯罪被追究刑事责任的;

(四)法律、法规规定的其他情形。

第五十六条 预备役人员退出预备役的时间为下达退出预备役命令之日。

第五十七条 批准预备役人员退出预备役的权限,与批准晋升相应预备役军衔的权限相同。

第九章 法律责任

第五十八条 经过预备役登记的公民拒绝、逃避参加预备役人员选拔补充的,预备役人员拒绝、逃避参加军事训练、担负战备勤务、执行非战争军事行动任务和征召的,由县级人民政府责令限期改正;逾期不改的,由县级人民政府强制其履行兵役义务,并处以罚款;属于公职人员的,还应当依法给予处分。

预备役人员有前款规定行为的,部队应当按照有关规定停止其相关待遇。

第五十九条 预备役人员参战、参加军事训练、担负战备勤务、执行非战争军事行动任务期间，违反纪律的，由部队按照有关规定给予处分。

第六十条 国家机关及其工作人员、军队单位及其工作人员在预备役人员工作中滥用职权、玩忽职守、徇私舞弊，或者有其他违反本法规定行为的，由其所在单位、主管部门或者上级机关责令改正；对负有责任的领导人员和直接责任人员，依法给予处分。

第六十一条 机关、团体、企业事业组织拒绝完成本法规定的预备役人员工作任务的，阻挠公民履行预备役义务的，或者有其他妨害预备役人员工作行为的，由县级以上地方人民政府责令改正，并可以处以罚款；对负有责任的领导人员和直接责任人员，依法给予处分、处罚。

非法生产、买卖预备役制式服装和预备役标志服饰的，依法予以处罚。

第六十二条 违反本法规定，构成犯罪的，依法追究刑事责任。

第六十三条 本法第五十八条、第六十一条第一款规定的处罚，由县级以上地方人民政府兵役机关会同有关部门查明事实，经同级地方人民政府作出处罚决定后，由县级以上地方人民政府兵役机关和有关部门按照职责分工具体执行。

第十章　附　　则

第六十四条　中国人民武装警察部队退出现役的人员服预备役的，适用本法。

第六十五条　本法自 2023 年 3 月 1 日起施行。《中华人民共和国预备役军官法》同时废止。

附：

关于《中华人民共和国预备役人员法（草案）》的说明

——2022年10月27日在第十三届全国人民代表大会常务委员会第三十七次会议上

中央军委委员、中央军委政治工作部主任 苗 华

委员长、各位副委员长、秘书长、各位委员：

我受国务院、中央军委委托，现对《中华人民共和国预备役人员法（草案）》作说明。

一、制定本法的必要性

预备役人员是预备役部队的主体力量，制定出台专门的预备役人员法，系统规范预备役人员工作，对于加强预备役人员队伍法治化建设，推动预备役部队转型发展具有重要意义。一是贯彻落实党中央决策部署的重要举措。近年来，中共中央和中央军委先后出台文件，明确了新时代预备役部队的建设定位、领导体制、管理职责等。贯彻改革要求，迫切

需要构建与之相适应的预备役人员法律法规体系，为建设世界一流预备役部队提供坚强法制保证。二是履行新时代军队使命任务的迫切需要。预备役部队作为人民解放军的组成部分，是现役部队的有效补充，与现役部队一体建设运用，共同履行军队使命任务。实现这一目标要求，必须以备战打仗为指向，健全完善预备役人员制度。三是破解预备役人员队伍建设矛盾问题的根本举措。围绕解决预备役人员专业能力、待遇保障、管理制度等方面的矛盾问题，迫切需要制定一部专门的法律，在更高起点推动预备役人员队伍建设发展。四是推进预备役人员队伍法治化建设的有力保障。预备役人员工作跨军地、跨领域，涉及各级各类组织的权力和责任，事关公民的权利和义务，是非常复杂的系统工程。保证这项工作落实，必须将其纳入法治化轨道，形成国家、军队、社会和个人齐心协力、依法推进的新格局。

二、指导思想、基本原则和起草过程

坚持以习近平新时代中国特色社会主义思想为指导，贯彻习近平强军思想，坚持总体国家安全观，贯彻新时代军事战略方针，贯彻党中央、中央军委关于预备役部队调整改革部署要求，以党管武装为根本，牢牢把握预备役人员身份属性，重构重塑预备役人员制度，为建设高素质专业化预备役人员队伍提供法律保障。

把握的基本原则：一是坚持为战务战。聚焦与现役力量共同履行使命任务，始终把立法的出发点、落脚点标定在备战打仗上，为随时应召应战提供制度支撑。二是坚持体系设计。把握预备役人员工作特点规律，对相关制度进行系统设计、整体重塑，为公民依法服预备役提供有力保障。三是坚持能力为本。遵循军事能力生成机理，系统设计"选、训、用、管、召、退"全流程服预备役制度，致力建设一支高素质专业化预备役人员队伍。四是坚持集聚英才。注重权利与义务相统一、贡献与待遇相匹配，清晰界定身份属性，提高待遇保障水平，引导公民积极踊跃服预备役。五是坚持继承创新。贯彻预备役部队转型重塑改革要求，坚持党的领导，赓续优良传统，总结实践经验，借鉴外军做法，着力增强立法的时代性、科学性和可行性。

根据军事政策制度改革有关部署，2019年1月启动草案研究起草，前期主要做了4个方面工作：一是准确领会立法根本指导。系统学习习近平强军思想，深刻领悟党中央、中央军委关于预备役部队调整改革的部署要求，牢固立起立法的根本遵循和科学指导。二是调研摸清立法现实需求。广泛开展专项调研、座谈研讨和问卷调查，系统梳理矛盾问题，切实找准政策制度创新的突破口和着力点。三是突出重大问题研究攻关。围绕预备役人员工作主要内容和重大政策改点，深入研究论证，反复模拟推演测算，形成草案制度设计。四是加强军地各方沟通协调。起草过程中，多轮次多形式征求军地有关部门意见，反复研究修改，形成目前的草案。草案已经国务院常务会议和中央军委常务会议讨论通过。

三、需要说明的问题

草案共 10 章 63 条，对预备役人员领导管理体制、身份属性和分类，以及预备役军衔、选拔补充、教育培训和晋升任用、日常管理、征召、待遇保障、退出预备役、法律责任等方面制度作了全面规范。

（一）关于领导管理体制。一是根据中共中央和中央军委关于预备役部队调整改革有关精神，鲜明提出中央军委统一领导预备役人员工作；二是针对预备役人员工作特点和实际需要，厘清中央军委机关有关部门职责，明确中央和国家有关机关职责；三是搞好部队与地方职责界面切分，压实编有预备役人员的部队、县级以上地方人民政府和同级军事机关的预备役人员工作职责，明确机关、团体、企业事业组织责任，形成军队主导、军地协同、依法履责的工作新格局。

（二）关于身份属性和分类。一是基于服预备役特点，对预备役人员作出定义，强化预备役人员兵役属性和武装力量身份特征；二是贯彻预备役部队调整改革部署，适应预备役人员队伍专业化建设要求，将预备役人员分为预备役军官、预备役军士和预备役兵，构建起完备的预备役人员分类体系；三是明确预备役人员是预备役部队的主体力量，是现役部队兵员补充的重要来源，鲜明确立其在军事力量体系中的定位，增强全社会对预备役人员的尊崇，激发公民服预备役的光荣感使命感。

（三）关于预备役军衔。一是规定预备役军衔是区分预备役人员等级、表明预备役人员身份的称号和标志，是党和国家给予预备役人员的地位和荣誉；二是衔接现役军衔制度，设置预备役军官军衔、预备役军士军衔、预备役兵军衔等级，明确按照军种划分种类，同时根据预备役部队编制等级，规定预备役军官军衔最高为预备役大校；三是系统规范预备役军衔的授予、晋升、保留和处置，充分体现预备役军衔管理的严肃性，为制定配套法规提供依据。

（四）关于选拔补充。一是承接兵役法有关规定，从政治、身体、心理、文化程度和工作能力等方面，规范公民服预备役的基本条件，保证可选范围既有广泛性又有先进性，建好预备役人员选拔补充"蓄水池"；二是规定预备役人员主要从符合服预备役条件的退役军人、专业技术人才和专业技能人才中选拔补充，保证部队所需人员应选能选；三是明确预备役人员选拔补充计划由中央军委确定，中央军委机关有关部门会同中央和国家有关机关指导部队、兵役机关实施，增强计划的权威性和执行力，推动军地有关部门和行业系统有效落实；四是确立按岗择人、选贤任能的选人用人导向，细化选拔补充组织程序，建立部队遴选和授衔任职、兵役机关组织体检政考和办理入役手续、相关单位支持配合的工作机制。

（五）关于教育培训和晋升任用。一是贯彻"三位一体"新型军事人才培养理念，坚持院校教育、训练实践、职业培训相结合，构建预备役人员教育培训体系，明确预备役人员晋升任用前根据需要接受相应教育培训；二是适应预备役部队整体作战能力生成需要，规范军事训练和临战训练，保证预备役人员有效履行使命任务；三是结合预备役人员服役特殊性，明确考核实施和结果运用办法，充分发挥考核激励作用；四是适应预备役人员队伍"横向补充为主、纵向晋升为辅"的更替特点，规范晋升任用，为表现优秀的预备役人员成长发展保留渠道，鼓励长期稳定服预备役。

（六）关于日常管理。一是针对预备役人员高度分散、广域分布、流动性强等实际，建立分散管理、人员召集、集中管理等制度，清晰界定部队、兵役机关和相关单位管理责任，确保队伍稳定、秩序正规；二是贯彻预备役部队保持规定战备状态的要求，对预备役人员落实军队战备工作规定作出原则规范，提高快速响应能力；三是规范预备役人员着装要求，明确配发制式服装和标志服饰，切实提高预备役人员荣誉感和自豪感。

（七）关于征召。一是承接战时兵员动员有关规定，规范征召的时机程序、职责任务和相关保障，压紧压实军地各方和预备役人员责任，为预备役人员响应征召提供必要条件；二是明确患严重疾病、家庭困难、女性孕期哺乳期等缓召情形，保证部队集中统一和安全稳定，体现对预备役人员的关心关怀；三是规定转服现役和解除征召的权限、程序，为战时快速补充兵员提供法律保障，同时保证战后预备役人员回归正常生产生活状态。

（八）关于待遇保障。一是建立预备役人员服役津贴和任务津贴制度，实现平时养兵与战时用兵有机统一；二是明确预备役人员按照规定享受医疗、保险、抚恤等待遇，对女性预备役人员实施特别保护，解除后顾之忧；三是明确预备役人员及其工作单位享受相关优待、优惠和扶持政策，推动形成个人积极服预备役、单位倾力支持、社会普遍认同的良好氛围；四是规范预备役人员举行仪式情形和退出预备役后享有荣誉、待遇，弘扬牺牲奉献精神，激发内生动力。

（九）关于退出预备役。一是规范预备役人员各衔级最低服预备役年限和最高服预备役年龄，双向把控队伍更替节奏，既保证预备役人员能够履行基本兵役义务，又保证有充沛的体力精力履职尽责；二是明确安排退出预备役和不得退出预备役情形，对因客观因素丧失服预备役条件的应退尽退、不具备退出条件的继续服预备役，确保预备役部队保持遂行任务能力；三是对因政治态度、履职能力、纪律作风等主观因素不适合继续服预备役的，取消预备役人员身份，维护服预备役严肃性，确保队伍纯洁巩固。

（十）关于法律责任。一是承接兵役法有关规定，明确公民、预备役人员，以及国家机关、军队单位、编兵单位及其工作人员，违反本法规定应当承担的法律责任和处罚措施；二是规范处罚执行的实施主体、权限和程序，明确构成犯罪的依法追究刑事责任。

草案和以上说明是否妥当，请审议。